ARTHUR DAUCOURT

LILLE

L. LEFORT, IMPRIMEUR
rue esquermoise, 57

ARTHUR DAUCOURT

ARTHUR DAUCOURT

Il se saisit de la corde, et se hissant avec une merveilleuse adresse, il remonta de pointe en pointe. . . .

ARTHUR DAUCOURT

OU

UN VOYAGE EN NORWÉGE

SIXIÈME ÉDITION

LILLE

L. LEFORT, IMPRIMEUR-LIBRAIRE

M D CCC LIX

ARTHUR DAUCOURT

I

Au milieu des forêts nombreuses et des terres fertiles de cette partie de la côte du Poitou où est situé le village de Beauvoir, sont plusieurs petites fermes qu'exploitent avec succès les industrieux habitants de cette belle province.

Dans une de ces propriétés, vivaient le vieux fermier Daucourt et son petit-fils Arthur. Le vieillard avait perdu sa femme, qui lui avait laissé deux fils. Guillaume Daucourt, l'aîné, était le père d'Arthur, et capitaine d'un vaisseau marchand de la Baltique. Il s'était marié avec la fille d'un commerçant de Dantzick, morte deux ans après avoir donné le jour à Arthur. Guillaume, qui ne savait que faire d'un enfant si jeune, avait prié son père de le prendre avec lui et de l'élever dans la ferme jusqu'à ce qu'il fût en âge d'aller en mer.

Environ quatre ans après, Thomas Daucourt, le second fils du fermier, qui commandait un bâtiment corsaire, fut tué en voulant capturer un vaisseau marchand de Bristol. C'était contre la volonté du vieux Daucourt que ses deux fils suivaient une profession si dangereuse; il avait espéré qu'au moins l'un d'eux resterait auprès de lui pour l'aider dans les travaux de la petite ferme qui leur avait appartenu de père en fils depuis près de trois cents ans; mais les deux frères avaient eu peu d'égards à ses remontrances, et Thomas, en particulier, avait expressément désobéi à son père en devenant capitaine de

corsaire, genre de vie qui convenait assez à
son caractère intrépide, mais que le bon fermier abhorrait et détestait avec raison.

Le Ciel punit promptement cette acte d'injustice et de désobéissance. Thomas Daucourt
fut tué dès sa première expédition, laissant
une jeune veuve et une petite fille absolument
sans ressources. Sa mort remplit de tristesse
le cœur du bon vieillard, qui se rendit sans
perdre de temps à la Rochelle, et amena la
mère et la fille chez lui, à la grande joie du
petit Arthur, qui promit d'aimer sa tante Rachel et sa cousine Juliette mieux que le plus
joli de ses agneaux.

Arthur faisait les délices de son aïeul. Il
était d'une ingénuité et d'une candeur admirables. Sa soumission pour le respectable Daucourt était entière, et en même temps pleine
de grâce et de prévenance. Le vieillard lui portait la plus grande affection; il regardait son
petit-fils comme la plus douce consolation de
ses vieux ans et comme une compensation
que la divine Providence lui avait réservée pour
le dédommager de l'abandon de ses deux fils.

Lorsque Guillaume, qui avait pris toutes les
habitudes du marin, venait, au retour de ses
voyages, passer quelques heures à la ferme,
il souffrait de voir l'extérieur modeste et soumis d'Arthur; il le plaisantait presque toujours
avec ce ton de rudesse et d'âpreté ordinaire
aux gens de mer; il le traitait de poltron et
d'efféminé; et si ce n'eût été par un reste d'é-
gards pour son vieux père, il eût forcé son
fils à venir *à bord* recevoir une éducation plus
en rapport avec les goûts paternels.

Le petit Arthur tremblait lorsque son père,
avec sa voix rauque et dure, parlait de l'em-
mener avec lui et d'en faire un mousse pour
le former au métier. Il s'approchait alors de
son aïeul, lui serrait la main, et semblait le
conjurer par ses regards de le prendre sous
sa protection. Le vieillard priait Guillaume de
cesser d'effrayer son fils et de ne pas lui en-
lever l'appui et la consolation de ses dernières
années. Il était rare que le bon Daucourt pût
prononcer ces paroles sans verser quelques
larmes. Le souvenir de Thomas et de sa funeste fin, la pensée des dangers auxquels Guil-

laume était lui-même constamment exposé, la perspective de les voir partagés par son petit-fils, lui faisaient éprouver de fortes émotions que trahissaient sa voix tremblante et ses yeux humides de pleurs. Le capitaine ressentait alors de la peine d'avoir affligé son père, et il faisait a Arthur quelques caresses qui ne rassuraient guère le pauvre enfant.

Cependant Arthur entrait dans sa septième année, et plus il avançait en âge, plus se développaient en lui les heureuses inclinations dont la divine Providence l'avait doué. Son aïeul lui avait appris à lire, et il avait écouté ses leçons avec une docilité qui lui avait fait faire de rapides progrès. Il aimait à s'instruire dans les livres qui contiennent les principes de la Foi, ou des récits de l'Ancien et du Nouveau Testament, ou des traits édifiants de Vies des Saints. L'histoire de Joseph vendu par ses frères, du jeune Tobie conduit par un ange, de Samuël élevé chez le grand-prêtre, du pieux Abel et du docile Isaac, faisait sur lui une grande impression. Il en ressentait de non moins vives, lorsqu'il lisait la défaite de

Goliath par David enfant, l'intrépidité de Daniel au milieu des lions, la sainte joie des trois enfants hébreux dans la fournaise ardente.

Tous les soirs, Arthur faisait une prière fervente pour son père. Il se le figurait au milieu des périls et des tempêtes, et il appelait sur lui les bénédictions du Ciel et la protection de la Vierge Marie. Peut-être, en plus d'une occasion, la prière du pieux enfant détourna la foudre prête à frapper le navire de Guillaume Daucourt, ou l'éloigna d'un dangereux écueil, ou lui rendit la traversée favorable.

Pendant l'été, Arthur n'avait guère d'autre occupation que le soin du troupeau de son aïeul; il le conduisait dans les pâturages et le gardait avec la plus grande vigilance. Son respectable aïeul lui avait appris à élever de temps en temps son cœur vers Dieu pendant la journée, et à bénir la Providence en contemplant les trésors de la terre et les richesses de la nature. Il profitait aussi des loisirs que lui donnait cet emploi, pour faire quelques lectures dans ses livres chéris et pour acquérir les connaissances utiles à son état.

Le dimanche était pour lui le plus beau jour, il le voyait arriver avec joie ; non qu'il aspirât après le repos, mais parce qu'il trouvait une grande jouissance à aller dans le temple du Seigneur le remercier de ses bontés et lui demander de nouvelles grâces. La ferme était fort éloignée de l'église. Le vieux Daucourt s'y rendait encore à pied, mais avec beaucoup de peine ; et c'était un tableau touchant de voir ce respectable vieillard appuyé sur son bâton et sur l'épaule de son cher Arthur, cheminer lentement, s'arrêter plusieurs fois sur la route, et enfin arriver, non sans une grande fatigue, jusqu'à l'humble demeure où le Tout-Puissant se plaît à recevoir les hommages et les adorations des bons habitants des campagnes.

On n'eût pu voir sans attendrissement et sans respect cette tête blanchie, cette figure majestueuse et calme, que le chagrin plus que l'âge avait sillonnée de quelques rides, ces mains calleuses dévotieusement croisées sur la poitrine, en un mot, cette piété sincère et naïve de l'homme de bien, qui a fourni une

longue carrière dans l'état obscur où l'a placé
la Providence, et qui se dispose à s'endormir
dans le sein de son Père céleste. Près du vieillard était le jeune Arthur, pieux comme un
ange, présentant au Seigneur les prémices
d'une vie dont son aïeul offrait le déclin ; son
maintien modeste, son extérieur recueilli in-
diquaient assez que son âme innocente et pure
trouvait son bonheur dans la fidélité au service
de Dieu et dans l'accomplissement de ses
devoirs.

A juger Arthur par la douceur de sa physio-
nomie, par la délicatesse de ses traits, par sa
blonde chevelure qui tombait bouclée sur ses
épaules, on eût pu croire qu'il était d'un na-
turel faible et indolent; mais il avait au contraire une activité calme et un courage déterminé quoique paisible, dont il donna des
preuves en diverses circonstances. Pour l'œil
observateur, il annonçait devoir être un de ces
hommes à résolutions généreuses que les obs-
tacles n'ébranlent pas, que les difficultés ne

peuvent arrêter, et qui marchent d'un pas
ferme et constant dans le chemin qui conduit
à la vertu et au bonheur.

L'habitation du vieux Daucourt était située
à l'écart et fort éloignée des autres fermes.
Quand Arthur menait son troupeau un peu
trop au loin pour chercher de nouveaux pâturages, il était regardé comme un étranger
et un intrus par les petits paysans qui con-
duisaient les troupeaux des fermiers des communes voisines; ils se réunissaient pour le
molester et pour salir de boue la belle laine
de ses agneaux; toutefois le jeune Daucourt
montrait tant de sagesse dans ses réponses et
tant de modération dans sa conduite, que tout
grossiers qu'étaient ces petits campagnards, il
sut prendre, peu à peu, de l'ascendant sur
eux tous et même se concilier l'affection de
quelques-uns.

Un événement où il put se montrer tel qu'il
était, acheva de lui gagner tous les cœurs. Un
jour d'été que la chaleur était très-forte, un
des chiens de ses compagnons se montrait
excessivement hargneux. Le jeune berger,

inquiet de ses hurlements continus, pria ses camarades de soigner son troupeau, afin qu'il pût ramener à la ferme le chien, qui paraissait avoir les symptômes effrayants de la rage. Il avait à peine fait trois cents pas, que l'animal furieux brise les liens qui le retiennent, et, se retournant avec la rapidité de l'éclair, s'élance avec impétuosité vers les troupeaux. Les petits paysans poussent des cris affreux et fuient de toutes leurs forces. Arthur, qui était un peu plus éloigné, les entend, aperçoit le péril sans s'émouvoir, accourt au lieu du danger ; et, voyant le chien courir droit à lui, il fait le signe de la Croix, et lui enfonce sa houlette dans la gueule avec tant de justesse et de force, que l'animal blessé à mort tombe à ses pieds. On ne peut décrire la joie et l'admiration des petits paysans. Ils ne savaient comment témoigner leur reconnaissance à Arthur, qui les avait en effet préservés de bien grands malheurs ; car, quelques instants plus tard, le chien fût parvenu au milieu des troupeaux et y eût causé d'horribles ravages. Les fermiers vinrent, dès le soir même, remer-

cier le vieux Daucourt et le féliciter de la bra-
voure de son petit-fils. Celui-ci était confus de
tant d'honneur, et il dit à son grand-père que
dans cette circonstance il s'était rappelé l'histoire de David qui, berger et enfant, avait
terrassé le géant Goliath ; qu'il avait mis
comme lui sa confiance en Dieu, et qu'avec
le secours du Ciel il était heureusement sorti
de son entreprise.

Déjà Arthur avait assez de force et d'expérience pour s'occuper d'autre chose que de la
garde du troupeau. Il dirigeait une grande partie des travaux de la ferme, auxquels le vieux
Daucourt, vu son grand âge, ne pouvait plus
prendre part. Il suivait en tout les sages conseils de son aïeul, et montrait une sagacité et
une vigilance au-dessus de ce que l'on pouvait
espérer. Aussi la ferme était dans le plus grand
ordre et la plus grande prospérité.

Arthur avait atteint l'âge de quatorze ans,
et il pouvait être regardé comme un des êtres
les plus heureux du monde. Son aïeul venait
de recevoir une médaille d'or, qui lui avait été
décernée par une société d'agriculture de la

province, pour y avoir présenté six agneaux les
plus beaux et les plus gras de toute la contrée.
Le vieux fermier disait à tout le monde que
c'était aux soins et au zèle de son petit-fils
qu'il devait la beauté de ses troupeaux ; et le
gentilhomme qui présidait la société avait em-
brassé Arthur. Oh ! comme il avait été sensible à cette distinction ! comme il s'attachait
de plus en plus à son état ! comme il se pro-
posait de vivre et de mourir fermier, et de
conserver toujours, comme ses aïeux, cette
simplicité de mœurs et ces habitudes paisibles
qui avaient fait pendant si longtemps le bonheur de la famille Daucourt ! Mais, hélas ! le
jeune Arthur ne connaissait pas encore les tri-
bulations de la vie ; l'été suivant ne lui apporta
que des sujets de tristesse, et ce fut dans cette
riante saison que son jeune cœur s'ouvrit pour
la première fois à la douleur.

Le printemps fut froid et pluvieux, et les
agneaux ne réussirent pas. Le vieux Daucourt,
plus que jamais désireux de les élever avec
soin, en fut fortement contrarié. Il fut bientôt
aussi saisi d'un rhume qui dégénéra en fièvre ;

et même, avant que le mois de mai vînt parer
la terre de fleurs, ses petits-enfants purent
lire dans les joues creuses du vieillard que la
mort les priverait sous peu de temps de leur
aïeul chéri.

Celui-ci sentait aussi qu'il était arrivé au
terme de sa carrière. Il se disposa à la mort
en bon chrétien, et reçut tous les secours de
la religion qui apporte tant de consolation
dans les derniers moments de la vie. Le père
d'Arthur avait passé l'hiver à Hambourg, et
on l'attendait de jour en jour à la chaumière.
Le bon fermier souhaitait beaucoup de voir
encore une fois son fils dans ce monde, et
il paraissait traîner sa faible existence dans
l'espérance de lui faire ses derniers adieux.
Mais vers la fin du mois de mai, il sentit approcher sa dernière heure : « Arthur!... » dit-il
d'une voix mourante. Arthur s'approcha du lit.

« Arthur, ton père est loin d'ici ; mais dis-
lui de ma part, à son retour, qu'il prenne soin
de ta tante Rachel et de ta petite cousine Juliette. J'ai peu de chose à leur laisser ; la ferme
étant à mon fils unique doit te revenir un jour.

Dis lui que je le prie instamment de veiller avec tendresse sûr elles.... Il trouvera dans ma boîte de chêne cent louis et mon testament qui en indique le partage. Pour toi.... » L'émotion et la faiblesse forcèrent le vieillard de s'arrêter ; il reprit quelques instants après : « Pour toi, mon cher Arthur, tu connais tes devoirs, continue à les remplir.... Sers Dieu fidèlement ; souviens-toi de ton grand-père après sa mort ; aime ton père, sois-lui obéissant comme tu l'as été envers moi, et prends pour règle de ne jamais trahir ta conscience, dans quelque situation où tu te trouves.... » Le vieillard ne put continuer ; il leva la main et bénit son petit-fils, Rachel et Juliette, qui étaient à genoux aux pieds de son lit.

Le soleil levant jeta ses rayons sur le lit de mort ; le vénérable Daucourt n'était plus ! et sa famille affligée répandait des larmes abondantes. Le dimanche suivant, ils accompagnèrent au tombeau ses froides dépouilles. Ce fut en vain que le premier beau jour d'été leur sourit, et que le chant joyeux du merle retentit dans les airs ; leurs cœurs ne devaient plus tressaillir à ces sons autrefois si pleins de charmes.

« Oh ! Arthur, dit Juliette, — et les larmes ruisselaient le long de ses joues, — nous ne verrons plus les fleurs de mai sans pleurer ! »

III

Trois jours se passèrent avant qu'Arthur
pût reprendre ses occupations ordinaires; mais
le soir du quatrième, après avoir soigné ses
troupeaux, il revint à la ferme, s'attendant
à y voir sa tante Rachel occupée à préparer le
potage pour le souper, et Juliette à arroser les
fleurs de son petit jardin, comme elle avait
coutume de le faire tous les jours.

Il ouvrit la porte de la chaumière. Sa cousine nettoyait un grand manteau bleu, et
sa tante Rachel rôtissait une volaille. Au coin

de la cheminée et dans le grand fauteuil de son aïeul était assis son père. Les traits rudes de Guillaume Daucourt étaient en quelque sorte adoucis par une expression de tristesse ; il regarda son fils avec plus d'intérêt qu'il n'avait jamais fait ; et Arthur pensa que, quand l'âge aurait blanchi sa chevelure noire et épaisse, et éteint le feu de ses yeux sombres, il ressemblerait en tout à l'aïeul qu'il regrettait si fort.

Le capitaine Daucourt fut très-amical envers sa nièce et sa belle-sœur ; et quand Arthur lui eut dit les dernières volontés de son père, il caressa la chevelure frisée de la petite Juliette, et dit :

« Ne crains rien, petite, je prendrai soin de toi et de ta mère ; vous ne manquerez jamais de rien, tant que Guillaume Daucourt aura un sou à lui ; quand ce ne serait que par souvenir de mon pauvre frère Thomas. Ton oncle Thomas était un brave homme, Arthur ; je voudrais que tu pusses lui ressembler un peu, maintenant surtout que tu vas me suivre !.... Ainsi, sœur Rachel, vous tiendrez la ferme et y vivrez comme vous pourrez. Si vous avez, à la fin de l'année, quelque peu d'argent pour moi, c'est très-bien ; si vous n'en avez pas, c'est encore tout de même, il ne faut pas vous gêner pour cela. » Puis, faisant éloigner ses enfants : « Sœur Rachel, ajouta-t-il, écoute encore : quand Arthur et moi aurons couru la mer pendant cinq ou six ans, peut-être nous nous fixerons ici pour toujours ; et alors, si Ju-liette veut avoir Arthur pour mari, et que le drôle ait de l'inclination pour elle, je ne m'y opposerai point. »

Rachel remercia affectueusement son beau-frère pour la bonté qu'il témoignait à elle et à sa fille ; mais Arthur, quoiqu'il fût satisfait des intentions de son père en faveur de sa tante, ne le fut pas également de ce qu'il dit à propos de la mer.

« Etes-vous résolu de me faire marin ? lui demanda-t-il d'un ton triste.

— Ecoute, enfant, répondit le capitaine, je suis résolu à faire un homme de toi. Ainsi, point de larmes ni de prières. Prends courage ; si tu es un lâche, ne le montre point. J'ai acheté à Hambourg un bon vaisseau, et j'y ai mis tout ce que j'ai pu gagner pendant ces vingt ans. Il est assez richement chargé et fera bientôt voile pour la Norwége. Ainsi, ne m'en parle plus, car l'affaire est faite. »

Arthur se soumit en silence ; il se rappelait les dernières paroles de son aïeul, et voulait obéir à son père, à quelque prix que ce fût ; en outre, il était reconnaissant de là bonté qu'il avait témoignée à sa tante et à sa cousine. « Je les laisserai dans notre paisible chaumière, se dit-il à lui-même, et je ne dois point déplaire à mon père qui s'est montré si généreux pour elles. »

Le capitaine Daucourt déclara l'intention où il était de partir dans deux jours. Ce fut en vain que Rachel et Juliette demandèrent du temps pour faire quelques nouvelles chemises à Arthur, et empaqueter différentes choses dont il pourrait avoir besoin pendant le voyage.

« Non, non, dit le capitaine, je lui achèterai tout cela à la Rochelle. Je ferai de lui un brave homme, soyez-en sûres. Il y a eu trop de fermiers parmi les Daucourt. A-t-on jamais vu un enfant qui a du caractère rester pendant toute la journée à la queue de cinq ou six vaches ? Ta tante et la cousine te trouveront un tout autre drôle, lorsque tu reviendras de ton premier voyage. »

Le lendemain matin, Arthur dit adieu tristement à la chaumière qu'il aimait si fort, et à sa bonne tante et à Juliette qui pleuraient beaucoup. Pour lui, il n'osa pas verser de larmes, de peur de son père.

Il avait cependant grand besoin d'en répandre, car son cœur était triste et serré. Il ne voulut pas quitter Beauvoir sans aller faire ses adieux au digne curé du village et sans prendre ses conseils. Il y courut en toute hâte, parce que le presbytère était très-éloigné de la ferme, et il put juger, lorsqu'il eut fait connaître le motif de sa visite, combien il était tendrement aimé du vénérable pasteur. « Mon cher Arthur, lui dit-il, vous devez honorer votre père et lui obéir. Ces motifs suffisent pour vous déterminer à sacrifier généreusement vos

goûts à ses volontés. Partez, Dieu vous soutiendra. Vous allez changer entièrement de manière de vivre ; vous allez remplacer vos habitudes simples et paisibles par une existence
périlleuse et agitée ; mais vous vous souviendrez toujours, au milieu des mers comme
dans votre humble village, de la présence du
Dieu tout-puissant qui a créé le ciel et la terre.
Pour nous, nous ne vous oublierons jamais,
et dans les prières que nous faisons pour nos
marins, pour les voyageurs, et pour tous nos
frères qui sont exposés aux dangers et à la mort,
nous vous aurons particulièrement présent à la
pensée. Continuez à remplir tous vos devoirs,
et ne négligez aucun de ceux du nouvel état
que vous allez embrasser. Adieu, cher enfant!
que le Ciel vous protége, que Jésus et Marie
vous bénissent, et que les saints Anges vous
accompagnent. »

Le bon curé donna encore quelques avis particuliers à Arthur sur la conduite qu'il devait
tenir à bord ; car il avait en cela une grande
expérience, le village de Beauvoir étant situé
non loin de la côte, et ayant fourni plusieurs

sujets tant pour la marine marchande que pour la marine royale.

Le capitaine, de son côté, avait été dès le matin au cimetière de Beauvoir pour visiter la tombe de son père. Là il se ressouvint qu'il n'avait pas toujours été le meilleur des fils, et pour un moment il se sentit presque incliné à accéder à ce qu'il savait avoir été le désir du vieillard, c'est-à-dire laisser Arthur dans la ferme. Mais en retournant, il lui vint de nouveau en pensée que, lorsqu'il serait vieux et incapable d'aller en mer, il n'aurait personne pour parler avec lui de voyages et de marins. Cette pensée endurcit son cœur contre les larmes et les prières de Juliette et de sa mère, et il emmena Arthur avec lui à la Rochelle, où son vaisseau, nommé l'*Aurore*, était dans le port prêt à faire voile.

I V

Tout était nouveau pour Arthur dans l'état
de vie qu'on lui faisait embrasser, et les
commencements lui en parurent plus rudes
et plus désagréables qu'il ne se l'était ima-
giné ; néanmoins il ne perdit pas courage ;
il résolut de faire tout ce qu'on exigerait de lui
avec une patience invincible, et d'affronter
sans crainte tous les périls de sa situation. Ni
son père ni aucune personne de l'équipage ne
paraissaient disposés à rendre son apprentissage
plus facile ni à alléger ses peines ; tous étaient

plus portés, au contraire, à s'amuser et à rire
de l'inexpérience et des erreurs du jeune paysan;
mais ils ne furent pas peu surpris de le voir
vaincre toutes les fatigues de la vie de mer avec
une inébranlable résolution, et se former aux
divers exercices du navire avec une rapidité et
une promptitude très-difficiles à rencontrer. Les
marins, naturellement francs et généreux,
commencèrent à le regarder avec des yeux
plus favorables, et particulièrement un vieil
ami de son père qui remplissait sur l'*Aurore*
l'office de pilote en second.

« Eh bien, capitaine, dit-il un jour à Daucourt, voyant Arthur au haut du mât et rem-
plissant son devoir avec beaucoup d'adresse,
« que pensez-vous à présent de notre jeune
marin? ce garçon-là deviendra aussi habile
que le premier homme de l'équipage, ou je ne
m'y connais plus.

— Il vaut mieux qu'on ne l'aurait cru d'a-
près son éducation, répondit le capitaine; mais
je crains qu'au moment du danger la tête ne lui
tourne.

— Nous verrons, reprit le pilote; mais si

le jeune Arthur ne montre pas plus de courage
que beaucoup d'autres qui font plus d'embarras
que lui, ne croyez plus un mot de ce que vous
dit le vieux Jacques Laforêt.

— Bien, bien, vieux pilote ; cela peut être
comme vous le dites, mais je suis loin d'avoir
de lui de si bonnes espérances. »

Arthur trouva bientôt un bon ami dans
Jacques Laforêt, qui était déterminé à faire
tout ce qui dépendait de lui pour qu'il accom-
plît ses prédictions. Pendant le voyage, il montra à Arthur à tenir le journal nautique, à
prendre la hauteur du soleil, à gouverner le
vaisseau et à remplir toutes les fonctions d'un
parfait marin.

Laforêt avait passé la plus grande partie de
sa vie sur mer, et avait vu beaucoup et beaucoup souffert. Deux fois il avait perdu tout ce
qu'il avait dans un naufrage, et il avait été
pris une fois par les Anglais ; il avait donc pu
connaître beaucoup de monde, et il avait fait
quantité de remarques intelligentes sur les pays
où l'avait jeté la fortune. En outre il connaissait
parfaitement les mœurs et les coutumes de la

contrée dont ils commençaient à avoir les côtes en vue.

Une nuit d'été, que Laforêt et Arthur veillaient ensemble, le pilote commença à lui raconter tout ce qu'il avait souffert par les tempêtes et les naufrages pendant le cours d'une vie longue et périlleuse. « Le dernier vaisseau sur lequel je fus à bord, dit-il, l'infortuné *Dédale*, se brisa contre une de ces petites îles qui sont en si grand nombre sur la côte de Norwége, vis-à-vis Drontheim. Les braves Norwégiens nous accueillirent avec bonté, et nous traitèrent avec les plus grandes marques possibles d'affection, pendant trois mois d'hiver que nous restâmes chez eux. Un marchand de Drontheim me donna une place dans son vaisseau destiné pour Hambourg ; et là je rencontrai votre père, Arthur, qui n'était pas homme à laisser un vieux pilote dans la détresse sans lui tendre une main secourable. Il m'offrit de me recevoir comme pilote en second à bord de l'*Aurore*, qu'il venait d'acheter, et me voici ; mais j'ignore si ma mauvaise fortune me poursuivra encore.

— J'espère que non, dit Arthur ; car il est dur, à votre âge, d'être dépourvu des moyens d'acquérir l'aisance dont vous aurez bientôt un grand besoin. Mais ne vous trouvâtes-vous pas très-misérable de passer tant de temps dans un pays stérile et dont la langue vous était inconnue?

— Oh ! pour cela, Dieu merci, répondit Laforêt, il ne m'est pas donné d'être misérable, quelque part que ce soit. Un marin qui connaît son devoir supporte avec gaieté tout ce qu'il plaît au Ciel de lui envoyer. En vérité, je n'ai jamais passé mon temps plus agréablement qu'en Norwége. Nous demeurions chez les fermiers et les pilotes qui habitent la côte où nous fûmes jetés. Les bonnes gens, au lieu de murmurer du fardeau que notre subsistance devait leur imposer, vinrent au rivage avec leurs traîneaux et se disputèrent pour celui qui prendrait soin des étrangers.

» Je n'étais pas amateur de manger le pain de l'oisiveté, et je prêtai la main à toutes leurs occupations. Quant au langage, je trouvai les habitants de la côte très-familiers avec la langue française, qui, jointe au peu d'allemand

que j'avais appris en trafiquant à Hambourg,
m'aida à me tirer très-bien d'affaire.

» La côte de Norwége, continua Laforêt,
est terrible pour les marins dans les derniers
mois de l'année, lorsque les vents de l'équi-
noxe commencent à souffler. Elle s'étend à plus
de trois cents lieues au nord, et est bordée
d'une multitude de petites îles qu'habitent des
pêcheurs et des pilotes, et qui fournissent la
nourriture à quelques troupeaux. Elles forment
une quantité innombrable de canaux étroits,
parsemés de rochers qui opposent une barrière
insurmontable aux flottes ennemies de la Norwége. La côte est généralement haute et escar-
pée, de sorte que la profondeur de l'eau y est
quelquefois de deux ou trois cents toises. Vous
pouvez aisément juger du sort du malheureux
vaisseau que la tempête jette contre ses rochers
terribles. S'il se brise, il se remplit à l'instant
et est englouti à des profondeurs effrayantes,
et si quelqu'un de l'équipage parvient à se sauver, c'est par un bonheur inespéré.

» Aux dangers de la mer du nord, il faut
ajouter les trombes soudaines, les écueils ca-

chés, les courants rapides et les tournants. Le gouffre le plus remarquable de la côte de Norwége est appelé *Moskoestrum*, de la petite île de Moskoe, qui appartient au district de Loffoden. Au temps du flux, le courant se précipite entre Loffoden et Moskoe avec la plus impétueuse rapidité; et dans son reflux, il bouillonne avec fureur, comme cent cataractes; le bruit des flots mugissants retentit à plusieurs lieues. Si un vaisseau s'en approche un peu trop près, il est invinciblement attiré, englouti et mis en pièces contre les rocs.'

» Aussi, dans ces moments terribles, tous les navires s'en tiennent éloignés le plus qu'ils peuvent. Des baleines sont fréquemment entraînées dans le gouffre horrible, et c'est en vain qu'elles hurlent d'une manière affreuse et cherchent à sortir de l'abîme. Un ours, en voulant traverser à la nage le détroit qui sépare Loffoden de Moskoe, éprouva le même sort, et malgré ses rugissements, qu'on pouvait entendre du rivage, il fut mis en pièces par les vagues furieuses. De grands arbres, après avoir été engloutis, reparaissent souvent au-dessus

de l'eau, brisés en mille et mille morceaux. Il
y a aussi trois gouffres du même genre près des
îles de Ferroe. Que Dieu nous préserve du malheur qui m'est déjà arrivé sur cette mer périlleuse ! »

Cependant l'*Aurore* fendait rapidement les
ondes et approchait du terme du voyage, tandis
que Laforêt amusait, par ses récits intéressants
et instructifs, la curiosité de son jeune élève.
Celui-ci écoutait dans un silence attentif, et
recueillait tout avec soin dans sa mémoire, se
promettant bien, si Dieu lui réservait des jours
d'épreuve, de s'aider de ces connaissances pour
supporter avec courage et résignation le poids
de l'adversité.

V

Avant que le vaisseau fût arrivé au port de
Christiania, le fugitif été des pays du nord
avait commencé et brillait dans toute sa splen-
deur. Arthur, qui s'attendait à voir une côte
stérile et désolée, ne put en croire ses yeux
lorsque l'*Aurore* entra dans la baie de Christiania, tant le soleil était brillant et la scène
pittoresque.

Devant eux était la ville de Christiania, située à l'extrémité d'une vallée fertile et éten-
due, et formant un demi-cercle le long de la
magnifique baie.

Ils jouissaient de la belle vue du golfe du *Cattégat*, qui s'enfonce dans l'intérieur des terres l'espace de vingt lieues, et qui est couvert d'îles rocheuses de la forme la plus pittoresque. Les environs sont peuplés d'un grand nombre de métairies et de maisons de campagne très-petites qui offrent un aspect enchanteur. Tout est habité ; tout est vivant; les navires dans le port, les jolies petites îles dont le golfe est parsemé, le spectacle de la ville qui se déroulait devant eux, formaient un coup d'œil ravissant.

Derrière, en avant et tout à l'entour, on apercevait les hautes montagnes de l'intérieur de la Norwége, couvertes de sombres forêts de pins et de sapins, inépuisables richesses du Nord. Les sommets les plus lointains étaient couronnés de neiges éternelles. A la sérénité de l'atmosphère, à la douceur de l'air, à la variété des productions et à la beauté des paysages, il leur était à peine possible de croire qu'ils se trouvaient presque au soixantième degré de latitude.

« Est-il possible, dit Arthur en se tenant

sur le pont à côté de Laforêt, que ce beau pays soit une des régions les plus froides et les plus stériles du Nord ?

— Ah! répondit le vieux pilote, vous le voyez au milieu de son beau mais court été ; vous en trouveriez l'aspect horrible si vous le visitiez pendant les longs mois d'hiver. Si vous entendiez les affreux sifflements des vents, au milieu des montagnes, la chute des avalanches, et quelquefois des masses énormes de rochers arrêtant le cours des rivières ou écrasant les cabanes des paysans, vous auriez alors peine à croire que le retour du soleil pût ranimer en si peu de temps les beautés que vous voyez maintenant étalées devant vous.

» Il en est cependant ainsi : il n'y a dans ce pays ni printemps ni automne. A l'hiver succède immédiatement la chaleur de l'été ; à peine une semaine s'écoule-t-elle entre la fonte des neiges et l'apparition des premières feuilles, et il arrive quelquefois que la végétation est déjà en pleine activité avant que les vaisseaux emprisonnés dans les glaces puissent manœuvrer.

— J'ai entendu dire, reprit Arthur, que plus loin, vers le nord, le soleil ne se couche jamais en été et ne se lève jamais au fort de l'hiver.

— J'ai été à Tromsoë, dit Laforêt, presque à l'extrémité septentrionale de la Norwège, où le soleil est en vue pendant tout l'été; je l'ai vu tourner jour et nuit autour du pôle arctique, resserrant son orbite, et l'agrandissant ensuite par degrés, jusqu'à ce qu'il quittât tout-à-fait l'horizon. Au milieu de l'hiver, il est invisible pendant plusieurs semaines, et toute la clarté que les habitants ont à midi est une faible lumière produite par les rayons de cet astre, que réfléchissent les plus hautes montagnes. Mais ils ne sont pas pour cela dans une obscurité complète; ils travaillent en plein air, à la clarté de la lune, que l'extrême sérénité de l'atmosphère rend très-brillante, ou à l'aide des aurores boréales, qui sont très-fréquentes dans ces parties de l'Europe.

— Mon grand-père me montra une fois en France une aurore boréale, interrompit

Arthur, et me dit qu'elle annonçait quelque malheur ; car, disait-il, on ne les voyait jamais qu'elles ne fussent suivies de famines, de pestes et d'autres fléaux semblables. Que pensez-vous de cela, Laforêt ? est-ce que ces malheurs arrivent souvent en Norwège ?

— Je n'en ai jamais entendu parler, répondit Laforêt. Certes, les pauvres Norwégiens seraient dans une condition bien malheureuse s'ils étaient menacés de fléaux et de guerres chaque fois qu'ils ont des aurores boréales. Ils en voient aussi souvent que nous voyons les étoiles en France, et je me souviens d'avoir lu un dimanche mes prières à dix heures du soir aussi bien que je l'aurais pu faire avec la meilleure chandelle du monde. Mais voilà ce que c'est que vous autres gens de terre : vous êtes bien tranquilles au coin de votre feu, et vous secouez vos têtes en prédisant des malheurs, si vous êtes témoins d'événements qui, dans d'autres pays, sont aussi communs que l'air que vous respirez. »

Ce fut avec peine qu'Arthur entendit ainsi traiter l'opinion de son vénérable aïeul ; cependant il vit pleinement que c'était une erreur et un préjugé d'attribuer des suites funestes à un magnifique météore, phénomène aussi utile qu'ordinaire dans les contrées situées à quelques degrés de plus au nord.

VI

A peine le vaisseau a-t-il touché au port
qu'Arthur s'élance à terre. Aidé par les récits
de son vieil ami, il parcourt aussitôt cette côte
si belle alors et si féconde l'hiver en terribles
merveilles. Des cabanes habitées par des familles de pêcheurs se montrent avec leurs so-
lives de sapins et leurs toits d'écorces. Des
troupes nombreuses de marins de toutes les
nations s'agitent sur le rivage et forment un
spectacle curieux de costumes variés et un
bruit confus de langages divers.

Uniquement occupé de ce qui frappe ses regards, Arthur s'avance insensiblement dans la campagne, et bientôt il a dépassé la riante vallée où se trouve Christiania. Alors un tout autre genre de beautés excite son étonnement. Ce n'est plus cette agréable verdure, ces champs cultivés, cette vallée délicieuse qui rappelle le beau pays de France; c'est la nature du nord dans sa force et dans sa rudesse. Des sapins immenses, des bouleaux, des chênes paraissant aussi anciens que la terre qui les porte, sont enveloppés par les plantes grimpantes des pays froids. La terre, cent et cent fois couvertes des débris de ces forêts éternelles, est semblable à un champ engraissé avec le plus grand soin par la main des hommes. D'un côté, des rennes accourent en troupes brouter la nourriture que Dieu fait bourgeonner pour eux dans ces déserts; plus loin, des torrents formés ou grossis par la fonte des neiges se précipitent avec fracas. L'immensité, le silence, la solitude, tout est grand, sauvage et majestueux.

Arthur était plongé dans une méditation profonde à la vue de ce magnifique spectacle. Les heures s'écoulaient avec rapidité... *Et mon père!...* s'écrie-t-il tout à coup comme s'il se fût éveillé, et il retourne sur ses pas. Long-temps il croit reconnaître sa route; il marche; il marche encore; mais bientôt il ne sait plus où il est; il s'est perdu dans des forêts immenses, où, à chaque pas qu'il fait, il s'enfonce de plus en plus. Après mille et mille efforts, épuisé, hors d'haleine, il s'assied sur un rocher couvert de mousse et cache sa tête dans ses deux mains. Des pensées affligeantes viennent assaillir son esprit... son père... son père... et son vieil ami que pensera-t-il de sa prudence?

Tandis qu'Arthur se livre à ces tristes idées, une inspiration subite l'éclaire. Il se jette à genoux, et porte un regard vers le Ciel. « Mon Dieu, dit-il en joignant les mains, qui m'avez si souvent exaucé lorsque je vous priai à Beauvoir pour mon père, et dans lequel mon aïeul m'a appris à me confier, n'abandonnez point un enfant égaré. Envoyez votre ange devant moi; qu'il me dirige comme il a dirigé le jeune Tobie, et qu'il me rende à mon père. »

Après cet acte de piété, Arthur se sentit plus calme, et l'espérance rentra dans son cœur.

Il monte sur un arbre pour tâcher de découvrir quelque chose. Attentif et inquiet, il regarde, il écoute. Un son faible et mesuré arrive à son oreille : au loin des cabanes se montrent éparses sur de petites îles ; des troupes de Norwégiens, couverts de leurs vêtements bleus et armés de scies et de haches, abattent de grands sapins, les marquent avec le fer et les lancent dans les courants qui les entraînent par divers détours à leur commune destination. Arthur descend, se remet en route, guidé par ce qu'il vient de voir ; le son qu'il avait entendu augmente à mesure qu'il avance ; son courage et son ardeur augmentent en même temps.

Il marchait donc avec vitesse et persévérance, lorsqu'au bruit de la hache des bûcherons et au son monotone de la vieille chanson norwégienne qu'ils répètent en travaillant, se mêle un cri de douleur et de détresse. Le jeune Daucourt, incertain d'abord s'il se jettera dans de

nouveaux périls, se décide bientôt à prendre
le parti que son cœur généreux et la charité
chrétienne lui indiquent. Les cris se faisaient
entendre dans une direction opposée à celle
qu'il suivait ; il se détourne ; à force de peines
et d'efforts, il écarte les broussailles, et dé-
couvre, à vingt pas de distance, une roche es-
carpée : l'aspect en était effrayant ; des pointes
aiguës en parsemaient toutes la hauteur ; au
pied s'ouvrait un précipice immense ; seulement vers la pente se voyaient des bandes de
verdures où paissaient quelques chèvres. Un
jeune enfant était auprès du troupeau, il éle-
vait ses mains au ciel et paraissait donner les
marques d'une grande désolation. Arthur, à
cette vue, court et cherche le sentier qui
conduit au pâturage. Comme il montait, il
aperçoit une corde attachée à un arbuste et
descendant jusque dans l'abîme d'où s'échap-
paient des plaintes et des gémissements. Parvenu à l'endroit où étaient les chèvres, l'enfant vient au devant de lui et du doigt lui
montre le précipice. Le jeune homme se pen-
che, et, avançant la tête, il voit avec terreur

un vieillard suspendu au-dessus du gouffre et retenu seulement par ses habits qui s'étaient accrochés aux pointes du rocher.

« Bon vieillard, que puis-je faire pour te secourir ? dit Arthur.

— Un Français !... s'écria le vieillard. O mon enfant, sois béni ! avance-moi cette corde qui m'est échappée des mains. »

Arthur descendit un peu, en se retenant d'une main ; de l'autre il balança la corde vers le vieux berger ; celui-ci s'en saisit, et se hissant lui-même avec une merveilleuse adresse, il remonta de pointe en pointe jusqu'au lieu où se trouvaient Arthur, l'enfant et les chèvres ; le vieux pâtre avait gravi le rocher avec une agilité surprenante, et il s'aperçut cependant, lorsqu'il fut arrivé en haut, qu'il avait une blessure au pied. « Mon enfant, dit-il à Arthur, c'est Dieu qui t'envoie à mon secours. Je vais laisser le soin de mes chèvres au petit Guillaume ; et toi, aide-moi, je t'en prie, à retourner dans ma cabane. » Le petit-fils du fermier de Beauvoir y acquiesce avec empressement, le souvenir de son aïeul se représente à son esprit, et il appuie sur son bras le bras du vieillard.

Chemin faisant, Arthur fait connaître qu'il est fils d'un armateur français, et il raconte comment il s'est égaré dans les bois. « Et moi aussi je suis Français.... dit le vieux pâtre ; mais je ne verrai plus ce beau pays ! » Ils arrivèrent, après une marche pénible, à une pauvre cabane. « C'est vous, François ! » s'écrie une vieille femme appuyée sur la porte ; « C'est vous, mon père ! » disent trois enfants qui sortent de la cabane. Mais, à la vue du vieillard pâle et chancelant, « Mon Dieu, mon Dieu, s'écrient-ils en pleurant, il est blessé ! » Et tous s'empressent avec inquiétude ; ils le placent sur son fauteuil de sapin, et la mère a bientôt enveloppé le pied blessé avec de la charpie.

Cependant François avait appris à sa femme et à ses enfants le secours qu'il avait reçu d'Arthur. Jusque-là préoccupés de leurs soins, ils fixèrent alors leurs regards sur le jeune étranger et le remercièrent affectueusement. D'après les récits du pilote, il n'y avait pas lieu à surprise d'entendre parler la langue française ; mais à la prononciation et à l'accent des habitants de la cabane, on pouvait deviner aisément qu'ils étaient réellement Français.

Arthur, charmé de trouver un compatriote sur cette terre lointaine, lui demanda avec curiosité quelle partie de la France il avait habitée, et par quels événements il avait été transporté en Norwège. Le pâtre, se trouvant beaucoup mieux, fit asséoir Arthur près de lui : « Mon enfant, lui dit-il, je vous dois la vie ; je ne peux vous refuser de vous faire connaître les malheurs qui m'ont amené si loin de mon pays. J'ai éprouvé bien des agitations depuis ma jeunesse, et mes cheveux ont blanchi dans l'adversité. Mais je rends grâces au Ciel, qui a fait servir tout à bien en me punissant de mes fautes et en m'instruisant de mes devoirs. A l'âge de quinze ans, l'esprit d'insubordination et de licence me fit quitter la maison de mon père pour m'embarquer à bord d'un vaisseau qui faisait voile pour les Indes. Mon pauvre père ! ah !

ce souvenir déchire mon cœur!... de combien
de larmes il arrosa son fils ingrat et dénaturé!
Quelles prières ferventes n'adressa-t-il pas à
Dieu pour que je ne me rendisse pas plus
coupable.... Elles ne parurent d'abord pas
exaucées. L'équipage du vaisseau où je me
trouvais se mutina dans la route contre le
capitaine, qu'on chargea de chaînes et qu'on
enferma à fond de cale. J'étais un des re-
belles : craignant le châtiment qui nous attendait infailliblement, je profitai de la chaloupe
pour me sauver avec quelques-uns de mes
compagnons. Revenu en France après bien
des aventures, je me mis au service d'un
corsaire de la Rochelle ; dont le capitaine,
quoique à sa première expédition, était ca-
pable, brave et audacieux. Notre vaisseau était
superbe ; nos matelots avides et déterminés.
Mais Dieu ne bénit point l'entreprise des in-
justes. Dans une rencontre, dans la Baltique,
avec un brick anglais, le brave capitaine fut
renversé sur le pont et disparut ; notre équipage fut massacré ou fait prisonnier. Au milieu de la confusion et du carnage, je me jetai

à la mer, au risque d'être brisé sur la côte
de Norwège, ou englouti par les courants.
Mais Dieu, qui ne veut point que le pécheur
périsse, me fit échapper à là mort. Déposé
sur la côte par le courage des mariniers du
pays, je me retrouvai, quand je revins à moi,
dans une espèce de grande salle, où un des
premiers objets qui étonna mes yeux fut notre
malheureux capitaine. Il avait reçu un coup
de feu dans la poitrine ; sa blessure, envenimée
par l'eau de la mer, s'était gangrénée. Il me
reconnut pourtant, et me prenant par la
main : « François, je vais mourir ; tiens,
prends cette bague, puisque tu es le seul ami
que Dieu me donne la consolation de revoir
en mourant. Ne sois pas étonné, toutes choses
à la mort sont différentes de ce qu'elles pa-
raissent pendant la vie. Les richesses après
lesquelles j'ai couru m'abandonnent pour jamais ; dans une heure, le monde lui-même ne
sera plus rien pour moi. Mais je le quitte sans
regret. Dieu, qui ne m'a pas permis de devenir scélérat, m'a ouvert les yeux. Mon père,
c'est à tes prières que je dois ce retour.... ô

mon père ! ô Rachel ! ô Juliette !... adieu !...
Mon Dieu, pardonnez-moi !... Mon Dieu, prenez soin de ma famille !... » En disant ces paroles, un mouvement convulsif agita la main
déjà froide qui pressait la mienne. « Adieu,
François.... souviens-toi de Thomas Daucourt.

— Mon oncle, mon oncle ! s'écrie Arthur en
étouffant ses sanglots, mon pauvre oncle.... »
Et il pleura amèrement. Jusque-là, inquiet et
avide, il avait été sur le point d'interrompre le
récit, la crainte l'avait retenu. Pourtant le départ de la Rochelle, cette première expédition,
tout avait éveillé ses soupçons. Les derniers
mots lui avaient révélé le secret.

Le vieux pâtre déconcerté était resté muet
de surprise devant la douleur du jeune homme.
Ses regrets se mêlèrent ensuite à ceux d'Arthur. Il regarda le jeune Daucourt avec plus
d'attention, et les larmes coulèrent le long de
ses joues vénérables ; il le fit approcher près
de lui, et il lui serra la main affectueusement ;
son libérateur lui était devenu plus cher depuis qu'il était le neveu de son capitaine.
« Enfin, dit Arthur, Dieu a exaucé les prières

de mon aïeul, et Rachel éprouvera des regrets moins amers en apprenant la fin chrétienne du père de Juliette. »

Ici François se pencha vers l'oreille du jeune
homme et lui dit quelques mots. Arthur se
leva, plaça sa chaise vis-à-vis la cheminée, et,
ouvrant une boîte sous le crucifix enfumé, il
en tira une bague que le vieillard le pria d'accepter.

« Mais que devîntes vous après la mort de
mon oncle ? poursuivit Arthur d'une voix al-
térée.

— Je recueillis précieusement ses dernières
paroles ; elles ne sont jamais sorties de ma
mémoire. En quelques jours j'étais guéri, et
l'on m'offrit de retourner en France. Craignant
d'y rencontrer les complices de mes crimes,
je résolus de me fixer en Norwège. La veuve
d'un matelot français est devenue mon épouse
et la compagne de ma solitude ; Dieu nous a
bénis en nous donnant trois enfants. Fixé ici
depuis douze ans, je mène au milieu de ces
forêts la vie simple des paysans norwégiens,
et je tâche d'élever mes enfants dans la crainte

de Dieu, pour leur épargner la jeunesse ora-
geuse de leur père. »

Le bon François avait terminé son récit.
Malgré tout le plaisir que le fils de Guillaume
Daucourt trouvait au milieu de cette famille,
il lui tardait d'aller rejoindre son père. Tous
remercièrent encore une fois le jeune Arthur,
et le plus petit des enfants vint peu à peu se
placer entre ses genoux et le caresser de ses
jolies petites mains. Arthur l'embrassa, et, se
levant, prit congé des habitants de la cabane.
« Gustave, dit alors le père à l'aîné, conduis
mon libérateur jusqu'à la côte, et prends par
Tannedorf pour éviter la forêt. »

Le pilote attendait depuis quatre heures avec
inquiétude le jeune Daucourt; il craignait que
le capitaine ne s'aperçût de l'absence prolon-
gée de son fils. L'arrivée d'Arthur le tranquil-
lisa; il s'apprêtait néanmoins à le gourmander
un peu; mais le récit de l'aventure l'émut vivement, et il se sentit tout glorieux en lui-
même des vertus de son élève et plein d'espoir
que ses prédictions se réaliseraient un jour.

Guillaume apprit avec le plus vif intérêt la

découverte du vieux compagnon de Thomas et
les circonstances de la mort de son malheureux
frère. Guidé par Arthur, il voulut aller lui-
même à la cabane. Là, il se fit redire l'histoire
du corsaire, témoigna sa brusque affection au
bon marin et laissa dans la famille des marques de sa générosité. Mais ses affaires l'obli-
gèrent bientôt à reprendre le chemin de la côte,
où ces émotions furent oubliées dans les soins
du commerce, dans le mouvement et l'agitation qu'on remarquait alors à Christiania.

VII

Le commerce de la Norvége consiste en
pelleteries, poissons secs, métaux, verreries,
et principalement en bois de construction et
en belles planches très-recherchées. C'est surtout à Christiania qu'en est le grand dépôt;
on les y transporte en traîneau par la neige,
et à la fin de l'hiver elles y forment une espèce
de ville; on se perd dans le grand nombre
de passages de ces chantiers. Dès que les
paysans ont livré leurs planches aux inspec-
teurs, il est curieux de voir ces derniers leurs

faire sur le dos avec de la craie des marques
et des chiffres qui désignent l'endroit d'où
viennent ces planches, et la quantité qu'ils
en ont apportée. Il est singulier de voir le
paysan portant sur son dos cette lettre de
change d'un genre si original, courir à toutes
jambes au comptoir du négociant. Arrivé devant le caissier, il n'a pas besoin de dire
un mot; il présente le dos, il est payé sans
observation, et la brosse que le caissier pro-
mène sur son dos donne la quittance. Ce commerce immense de planches entretient dans
les environs plus de deux cents moulins à scie.
Une rivière nommée *Aggerself*, qui tombe en
cascade de rocher en rocher, en fait mouvoir
plusieurs.

Pour la pelleterie, les peaux les plus esti-
mées sont celles du lynx, moins grand mais
plus dangereux qu'un loup; il fait quelquefois d'horribles ravages dans les parcs de
brebis en s'y introduisant sous la terre; — de
l'hermine, animal petit et excessivement ti-
mide, dont la fourrure contribue beaucoup à
la magnificence royale. L'édredon, si recher-

ché en Europe pour le luxe des lits, est aussi une des branches lucratives du commerce de la Norwége. On les confectionne surtout avec le duvet des aigles, qui sont en assez grand nombre en ce pays. Des oiseleurs habiles à grimper sur les rochers enlèvent les petits dans le nid même des aigles; et les chiens sont si bien dressés qu'ils aident les oiseleurs à saisir leur proie.

Les côtes de la Norwége fournissent beaucoup de poisson, et surtout une espèce de morue qu'on fait sécher sur les rochers, sans la saler, et qu'on appelle *stockfish*. On y pêche aussi une grande quantité de harengs. D'innombrables essaims de cette espèce de poissons sortent de dessous les glaces du pôle; et, à la hauteur de l'Islande, ils se partagent en trois corps, dont un va peupler les côtes occidentales de l'Irlande; un autre dirige sa course vers la partie orientale de la grande-Bretagne jusqu'à la Manche, et le troisième entre dans la mer Baltique.

Le capitaine Daucourt disposa bientôt de sa cargaison, et rechargea son vaisseau des

diverses productions de la Norwége. Il acheta
du cuivre et du fer manufacturé en barres
(le fer de Suède et de Norwége est, sous
beaucoup de rapports, supérieur à celui que
produit la France), du marbre pour lester
le vaisseau, des peaux de chèvres et de veaux
marins, ainsi que quelques fourrures très-
précieuses de renards et de martres, dont il
espérait retirer un bon prix en France. Il permit à Arthur d'acheter ce qu'il lui plaisait le
plus pour en faire des présents à sa tante et
à sa cousine. En conséquence, il se procura un
beau manteau fourré pour sa tante Rachel,
et quelques paniers très-curieux faits d'écorce
de bouleau, gracieusement entrelacés de plumes
de diverses couleurs, pour Juliette. Le char-
gement du vaisseau étant achevé, ils se dispo-
sèrent à retourner en France.

Le cœur d'Arthur bondissait de joie lorsqu'il pensait au plaisir qu'il éprouverait en
revoyant Beauvoir après un tel voyage. Il
avait acquis des connaissances dont il n'avait
pas auparavant la moindre idée, et il se sentait heureux d'avoir obéi à son père, quelque

répugnance qu'il éprouvât d'abord à accéder
à ses volontés. Le capitaine Daucourt était fier
de son vaisseau; il en parlait continuellement
et avec admiration. Il se trouvait en outre dans
une excellente disposition d'esprit; car il savait
avoir disposé très-bien de sa cargaison, et
espérait un très-grand profit de celle qu'il avait
maintenant à bord.

Ils eurent un vent favorable pendant quelques jours, jusqu'à ce qu'un matin, comme
le capitaine Daucourt conversait sur le pont
avec Arthur de ses futurs profits, Laforêt
s'écria tout à coup de la grande hune : « Re-
gardez derrière, capitaine, je crois que nous
sommes poursuivis ! » Daucourt courut à sa
chambre chercher son télescope, et vit un
vaisseau qui venait sur eux vent arrière à
pleines voiles. Tout le monde fut aussitôt à
l'ouvrage pour accélérer la course de l'*Aurore*,
et comme ce bâtiment était fin voilier, le
capitaine espérait amuser l'ennemi jusqu'à la
nuit et échapper alors à la faveur des ténèbres.
Mais, hélas ! le même vent qui poussait si
rapidement ce beau vaisseau faisait avancer

le léger corsaire avec plus de vitesse encore. Enfin, après un jour d'une poursuite animée et de l'anxiété la plus cruelle pour le pauvre équipage, le sort du bâtiment sembla décidé, lorsque le vaisseau ennemi arriva sur lui à porte de voix, et tira un coup du canon pour lui ordonner d'amener.

Le capitaine Daucourt espérait encore, après tout, que son navire pourrait être regardé comme neutre; mais l'œil expérimenté de Laforêt avait remarqué d'abord tous les mouvements de l'ennemi et avait reconnu que c'était un corsaire anglais; ce qui se vérifia presque aussitôt; l'ennemi ayant hissé pavillon anglais et se disposant à l'abordage, la résistance était inutile; une simple attaque du corsaire aurait bientôt tout décidé, et le capitaine Daucourt vit son vaisseau favori la proie de l'équipage le plus insolent et le plus effréné qui fût jamais.

Pour un homme aux passions violentes, comme Daucourt, ce coup était pire que la mort; mais son désespoir n'eut pour consolation que le rire et les insultes des ennemis,

4

dans les mains desquels il était tombé, et qui ajoutaient l'outrage et les mauvais traitements aux calamités de la guerre. C'était à cette époque où les deux nations se faisaient la guerre avec une fureur inouïe dans les temps modernes, et où l'animosité des Anglais contre notre patrie ne connaissait point de bornes.

Il pouvait à peine y avoir une situation plus terrible que celle de l'équipage de ce malheureux vaisseau, tombé entre les mains d'hommes dont les passions étaient encore excitées par la haine nationale. Pendant plusieurs heures, les Français crurent qu'ils touchaient à leurs derniers moments. Les outrages succédèrent aux outrages, et leur mort sembla résolue; mais enfin, les pirates se contentèrent d'enchaîner leurs prisonniers et de les enfermer dans la cale. Le pauvre Arthur n'avait jamais seulement rêvé de telles horreurs; cependant au milieu des terreurs de cette nuit cruelle, son esprit était tranquille. Il avait tourné toute son espérance vers le Ciel, il avait invoqué Dieu, et il avait

trouvé du secours et de la force. « Au moins,
se disait-il à lui-même, je reste auprès de
mon malheureux père, et je peux lui offrir
toutes les consolations dont est susceptible
un enfant soumis et affectionné. » Le capitaine Daucourt en avait aussi un grand besoin. Abandonnés par les hommes cruels qui
avaient pris leur vaisseau, ils étaient laissés
sans nourriture et sans eau ; ce qui, joint au
défaut d'air (car les écoutilles étaient fermées),
rendait leur situation plus pénible que celle
des plus grands criminels.

Guillaume Daucourt n'avait eu jusque-là
que du bonheur : où d'autres n'avaient trouvé
que des tempêtes ou des pirates, il avait
joui d'une navigation prospère. Il n'avait pas
manqué d'attribuer sa bonne fortune à sa
propre sagesse, au lieu d'en faire hommage
à la main bienfaisante d'une Providence secourable ; aussi, lorsqu'il éprouva ce premier
revers de fortune, il éprouva de violents
transports de rage, au lieu de chercher à se
rendre patient et résigné. La violence de ses
émotions et les mauvais traitements qu'il es-

suya, eurent un tel effet sur sa constitution,
que la nuit même il tomba dangereusement
malade. Le pauvre Arthur s'assit à son côté,
tenant ses mains brûlantes, et lui offrant
son sein pour servir d'oreiller à sa tête affai-
blie. Les expressions de fureur qui sortaient
de sa bouche pendant le délire de la fièvre,
ne purent engager ce fils affectionné à s'éloigner de lui.

VIII

Le jour suivant s'était presque écoulé avant
que les corsaires eussent pensé à leurs prisonniers ; alors ils résolurent de diviser l'é-
quipage français ; car le capitaine du corsaire,
déterminé à aller faire de nouvelles captures,
ne voulut pas s'encombrer de sa prise.

Sept hommes de l'équipage du vaisseau français furent mis à bord du bâtiment corsaire,
tandis que Guillaume Daucourt, son fils Arthur, Jacques Laforêt et deux autres matelots
furent laissés sur l'*Aurore*, à bord duquel le
capitaine anglais mit un nombre suffisant de

ses gens pour conduire ce vaisseau jusqu'à Londres.

La situation des prisonniers se trouva un peu améliorée. Le pilote qui était chargé de la direction du vaisseau ôta les fers au capitaine Daucourt et à Laforêt, et leur donna une meilleure prison ; et lorsque Arthur lui eut fait entendre par signe combien son père était mal, il lui donna un peu de vin et lui permit d'occuper la chambre qu'il habitait avant son malheur. Pendant quelque temps, Arthur crut que son père mourrait infailliblement, car sa maladie était violente ; et il n'avait aucun remède. Cependant, telle était la force de sa constitution, que dans peu de jours sa fièvre le quitta, et il se trouva un peu mieux, quoique aussi faible qu'un enfant.

Laforêt soutint son courage en lui faisant espérer qu'ils pourraient être rencontrés et repris par quelque armateur français ; mais quelque probable que fût une telle circonstance, les jours se passaient, et ils étaient toujours captifs ; et, pour surcroît de malheur, ils apprirent que dans un ou deux jours tout au plus ils seraient à Londres.

Les mœurs douces d'Arthur et son affection pour son père avaient engagé le pilote à lui permettre de venir sur le pont quand il voudrait. Un matin, après avoir veillé son père jusqu'à ce qu'il s'endormît, il pria Laforêt de prendre sa place, tandis qu'il irait sur le pont prendre un peu l'air. Après s'être promené pendant quelque temps, il s'assit sur un tonneau et se livra à de tristes et sombres pensées. « Mon pauvre père, se dit-il en lui-même, va être jeté dans une prison pour y mourir, car dans l'état de faiblesse où il se trouve, les fatigues et les mauvais traitements qu'il aura à essuyer causeront certainement sa mort, et peut-être ne reverrai-je jamais la France, ni ma chaumière, ni le tombeau de mon aïeul. N'y a-t-il donc point de remède à tout ceci ? »

Occupé de ces réflexions, il appuyait la main sur le derrière du tonneau où il était assis, lorsque, voulant se lever, il sentit quelque chose d'aigu qui le blessait, et il vit que ce tonneau était rempli de sabres, de mousquets et de différentes autres armes appartenant aux

Anglais. A la première vue de ces armes, une pensée passa par la tête d'Arthur, et il descendit aussitôt pour la communiquer à Laforêt. Il lui parla des armes et lui dit : « Qui empêche que nous ne reprenions le vaisseau ? Certainement, cela serait possible avec un peu de prudence et de courage.

— Et pouvez-vous penser à un projet si dangereux ? pouvez-vous envisager hardiment la mort en face ? Car, soyez-en sûr, si nous manquons notre coup, la mort sera notre partage. Réfléchissez-y ; une entreprise de ce genre demande tant de sang-froid et d'audace que je ne sais ce qui pourrait vous les donner....

— Le Ciel ! reprit vivement Arthur en jetant sur Laforêt un de ces regards pénétrants qui décèlent une âme héroïque.

— Comment ! vous oseriez entreprendre....

— Oui, je l'ose, dit Arthur avec fermeté ; je hasarderai volontiers ma vie pour reconquérir le vaisseau et rendre la liberté à mon père, qui succombera sous peu dans l'esclavage ; cherchez un plan, et j'en ferai ma part autant que ma force me le permettra.

— J'y ai déjà pensé, brave enfant, reprit l'intrépide pilote; mais vous êtes si jeune que je me suis méfié de votre prudence plutôt que de votre courage. Nous devons agir ici plus par adresse que par force. Nous devons saisir l'occasion de nous rendre maîtres des Anglais tandis qu'une partie dort et que l'autre n'est pas sur ses gardes.

— Pendant la nuit, je suppose? dit Arthur.

— Oui, dit Laforêt. Ce sera une affaire sanglante, mais la provocation est de leur côté. Sûrement un homme peut lutter jusqu'à la mort pour sa liberté.

— Ah! dit Arthur c'est une terrible chose que de massacrer tant d'hommes qui dorment; d'envoyer tant d'âmes au tribunal suprême sans un moment pour se reconnaître.... Je pense qu'il est possible de les faire prisonniers sans leur faire aucun mal.

— Bien, dit le pilote, voyons votre plan. Je ne sais trop comment vous pourrez trouver un expédient qui m'épargne l'horrible besogne de dépêcher des gens endormis.

— Si j'avais un bon foret et une douzaine

de grands clous, je me charge de tous les Anglais, excepté deux, et cela sans leur arracher un cheveu de la tête.

— Votre plan semble être extraordinaire ; si c'est seulement le manque d'outils qui vous arrête, voici un foret que les Anglais me prêtèrent au lieu de tire-bouchon, et vous trouverez deux ou trois cents grands clous dans cette armoire. Mais, dites-moi, comment un petit homme comme vous peut se rendre maître de six hommes robustes ?

— Vous savez, répondit Arthur, que si l'on perce un trou dans les panneaux des chambres où les matelots couchent, et si l'on y enfonce un clou lorsqu'elles sont fermées, il est impossible de les ouvrir en-dedans. Je puis parcourir tout le vaisseau sans être suspecté, et percer un trou dans chaque panneau lorsque tout l'équipage est sur le pont. Quand les Anglais seront tous endormis, j'adapterai un clou à chaque trou, et ils seront aussi bien pris que dans des trappes.

— C'est un projet ingénieux, dit Laforêt, et j'avoue qu'il peut très-bien réussir. Ce soir

donc, nous essaierons ; car chaque moment
nous approche de Londres. Mais surtout, Arthur, que votre père ne sache rien jusqu'à ce
que notre entreprise ait manqué ou réussi ;
car il est si impatient et si faible encore que
l'anxiété le ferait probablement mourir.

— Je vous obéirai, dit Arthur ; mais il est
temps de commencer, car les Anglais sont
sur le pont. Au revoir, Laforêt ! que Dieu
nous protège ! »

Ayant ainsi parlé, il quitta la chambre. Les
heures se passèrent, et Laforêt ne le vit plus.
Le capitaine Daucourt s'éveilla ; le vieux pilote
lui donna quelque gruau qu'il avait fait bouillir
pour son dîner. Le malade le trouva très-mau-
vais, et demanda après Arthur avec beaucoup
d'impatience. Laforêt lui fit quelque réponse
vague. Le capitaine se plaignit avec amertume
de son absence, disant que c'était une honte
pour son fils de le laisser seul, et enfin il
s'endormit de nouveau.

Laforêt commençait maintenant à être très-
alarmé, pensant qu'Arthur avait été découvert
et peut-être massacré. Il regarda au soleil

(les corsaires lui avaient épargné la peine de garder une montre), et pensa qu'il pouvait être à peu près quatre heures, lorsqu'Arthur parut à la porte de la chambre, pâle, mais d'un air déterminé; sans parler, il fit signe à Laforêt de le suivre. Celui-ci sortit de la chambre et le suivit sans faire de bruit. Tandis qu'ils montaient l'échelle qui mène sur le pont, Arthur se retourna et lui dit à voix basse : « Tous les gens du vaisseau sont assurés, excepté deux hommes; l'un est au gouvernail, l'autre dans les haubans : rendez-vous-en maître, et le vaisseau est à nous. »

Ce n'était pas le temps de faire des questions. Laforêt lui eût bien demandé comment tout s'était passé ; mais Arthur l'entraîna sur le pont, et courant au tonneau plein d'armes, il donna à son compagnon un sabre, et prit lui-même un mousquet. Laforêt alla au gouvernail, et prit l'homme qui y était au dépourvu. Celui-ci jeta un cri d'horreur en voyant près de lui un homme avec une attitude menaçante et un sabre nu à la main, et il se mit à demander grâce à grands cris. Le bruit parvint aux oreilles du matelot qui était dans les haubans, et qui, cessant de chanter, se mit à descendre avec beaucoup de vitesse. Mais Arthur l'arrêta en le couchant en joue, et lui disant que s'il ne restait où il était, il lui enverrait toute la charge du mousquet dans le corps. Le matelot anglais ne savait pas et Arthur ne se ressouvenait point alors que l'arme n'était point chargée. Quoi qu'il en soit, ce mouvement eut l'effet d'intimider l'homme, qui fit signe qu'il obéirait, et joignit les mains pour demander la vie.

Arthur et Laforêt avaient jusque-là réussi; mais leur situation était à ce moment plus critique que jamais. Chacun d'eux tenait son homme en respect, mais il fallait faire quelque chose de plus. L'homme du gouvernail était musculeux et robuste, et, quoique la vue soudaine d'un ennemi armé l'eût d'abord effrayé, Arthur lisait dans ses yeux hagards qu'il n'attendait que le moment où Laforêt ne serait point sur ses gardes pour se débarrasser et s'élancer sur lui.

Il y avait sur le pont à une dizaine de pas

d'Arthur un bout de forte corde ; il eût bien voulu s'en rendre maître ; mais il craignait de détourner son attention du matelot des haubans ; il savait avec quelle vitesse un marin peut se laisser glisser de corde en corde et être sur le pont dans un instant. Enfin il sentit qu'il fallait agir, et, se fiant à la crainte qu'il inspirait à l'Anglais, il saisit d'une main le bout de corde, le donna à Laforêt, et reprit sa position avec la rapidité de l'éclair. Laforêt lia son prisonnier de manière à ce qu'il était impossible qu'il s'échappât. Ils firent alors descendre l'autre homme, et le lièrent ainsi que le premier. « Maintenant, dit Arthur, prenez en main le gouvernail, tandis que j'irai délivrer nos deux compagnons qui sont renfermés entre les ponts. »

Il revint bientôt avec les deux matelots français, qui pouvaient à peine croire qu'ils étaient en liberté et en possession du vaisseau. Le premier soin de Laforêt fut de changer les voiles et de prendre une autre route. Dans ce moment, les Anglais que le bruit avait réveillés firent un grand tumulte, et poussèrent des cris effroyables en s'accusant l'un l'autre d'avoir fermé les chambres.

Laforêt crut qu'avant d'aller plus loin, il était nécessaire de disposer d'eux, de peur que dans leur désespoir ils ne missent les portes en pièces. Il fit venir en conséquence le plus robuste de ses hommes ; et, ouvrant les chambres une à une avec une grande promptitude, ils chargèrent des fers mêmes qu'ils avaient portés leurs prisonniers surpris, qui, par leurs gestes et leurs exclamations, ne pouvaient assez exprimer leur colère et leur fureur. Après avoir fini cette opération et avoir enfermé les corsaires à fond de cale, ils se rendirent à la chambre du capitaine Daucourt.

I X

Lorsqu'Arthur entra dans la chambre de son père, celui-ci était assis sur son lit. Il paraissait très-mécontent ; et , après avoir laissé échapper quelques paroles d'aigreur, il se plaignit de ce qu'il était négligé par son fils. Il dit à Arthur que s'il avait été avec lui quelques heures auparavant, il aurait pu l'habiller et lui donner quelque soulagement. « Je viens d'être éveillé, dit-il, par ces chiens d'Anglais qui font le bruit le plus épouvantable que j'aie jamais entendu ; je croyais qu'ils vous massacraient tous.

— Allons, allons, capitaine, dit Laforêt, ne soyez point de si mauvaise humeur envers le plus noble fils qu'un père ait jamais eu ; mais prenez Arthur dans vos bras, et remerciez-le de ce qu'il vous a rendu votre vaisseau et votre liberté.

— Quoi ! s'écria le capitaine, avons-nous été repris par quelque armateur français ? Savez-vous bien, Laforêt, que si vous m'annoncez de pareilles choses pour vous moquer, cela n'est pas digne d'un franc et fidèle marin.

— Vous ai-je dit que nous avions rencontré un armateur ? répondit le vieux pilote. Je vous dis maintenant, en bon français, que par la prudence et le courage de votre digne fils, votre vaisseau vous appartient de nouveau : nous sommes tous libres, les Anglais sont dans les fers ; et au lieu d'être conduits à Londres, nous faisons voile maintenant pour la France.

— Et Arthur, dites-vous, a fait tout ceci ? mais comment ? Vous n'êtes pas homme à mentir, Jacques Laforêt, et cependant j'ai peine à vous croire.

« — Je ne m'étonne pas de ce que vous ne puissiez ajouter foi à ce que je vous dis, repartit Laforêt ; à peine puis-je moi-même en croire mes yeux. Mais écoutez les détails, et rendez grâces à Dieu d'avoir un tel fils. Arthur combina ce matin un plan pour enfermer les Anglais dans leurs chambres tandis qu'ils dormaient. Il s'en alla préparer tout ce qu'il fallait pour cela. Le projet ne devait être tenté que cette nuit ; mais, à ma grande surprise, il vint à moi il y a une heure, et me dit qu'il s'était assuré de tous nos ennemis, excepté de deux. Nous nous rendîmes maîtres aisément de ceux-ci, et avec l'aide de nos gens nous enchaînâmes les autres. Comment Arthur put exécuter sitôt son plan, il peut vous le dire lui-même mieux que moi, car je n'en sais rien encore. »

Mais Arthur ne pouvait pas parler ; il s'était jeté dans les bras de son père, qui, muet d'admiration et de bonheur, les tenait étendus vers lui, et il donnait un libre cours aux sentiments divers qui l'oppressaient, en versant des torrents de larmes. Il se passa quelques moments avant qu'il pût lever les yeux vers son père, qui le pressa contre son cœur et le bénit. Le pauvre capitaine s'écriait, dans l'excès de sa joie, que si on lui enlevait tout ce qu'il avait au monde, excepté son cher fils, il se croirait encore le plus heureux et le plus riche des hommes.

Lorsqu'Arthur fut revenu de l'agitation qui lui avait pour un moment ôté la voix, Laforêt le pressa de nouveau de lui raconter comment il avait mis si promptement fin à son projet.

« Vous savez, répondit Arthur, que je vous laissai avec l'intention de mettre des clous dans les panneaux. J'allai donc percer les trous, ce que je fis sans être vu ; mais lorsque j'y mis mes clous, je trouvai qu'on pouvait les en faire sortir par une violente secousse, et vous savez qu'ils ne pouvaient être enfoncés sans faire un grand bruit. Pour quelques moments, je crus notre plan tout à fait manqué ; mais enfin je me rappelai qu'il y avait dans la petite armoire un paquet de gros clous à vis. Je les trouvai aisément et perçai des trous aux deux extrémités des panneaux, et après avoir graissé les clous, je les poussai dans les trous avec un chassoir. Je graissai pareillement les glissoirs des panneaux, afin qu'ils pussent se fermer sans faire le moindre bruit. Tandis que j'étais à l'ouvrage, je me ressouvins que les Anglais avaient coutume de dormir une heure ou deux au milieu du jour, ne laissant que deux hommes sur le pont. Ce temps me parut le plus propre pour l'exécution de notre plan, car nous aurions pu nous égarer dans l'obscurité ; d'ailleurs, à ce moment de la journée, nos ennemis étaient moins sur leurs gardes que pendant la nuit. Il était environ trois heures lorsqu'ils descendirent tous et se jetèrent sur leurs hamacs. J'attendis plus d'une demi-heure, et alors je descendis, espérant qu'ils étaient tous endormis. Quelques-uns des panneaux étaient ouverts ; mes mains tremblèrent en les fermant, mais heureusement je ne fis point de bruit. Lorsque j'eus mis les vis dans les trous, j'essayai les panneaux et je trouvai qu'ils étaient bien fermés. Alors je vins à vous, et

par la faveur du Ciel tout a réussi ! Oui , c'est
à Dieu seul que je dois le succès de cette entreprise. Je l'ai invoqué avec confiance ; et
il a daigné m'exaucer. »

Arthur tomba à genoux , son père et Laforêt en firent autant, et tous ensemble ils
adressèrent une prière fervente à Celui qui ,
par sa bonté , les avait tirés d'un si grand
péril.

» Maintenant, dit le vieux pilote , il s'agit
de conserver ce que nous avons repris , et ce
n'est pas encore, Arthur, une affaire facile ;
pour ma part, je n'épargnerai aucune fatigue
pour conduire le vaisseau en sûreté dans
quelque port de France. »

Laforêt garda fidèlement sa parole ; car il
se promenait presque nuit et jour sur le pont
de l'*Aurore*, chargé de pistolets ; et lorsqu'il
était forcé de se retirer pour prendre un peu
de repos, Arthur le remplaçait. Les Anglais
firent des efforts désespérés pour regagner
leur liberté, et une fois le capitaine Daucourt (qui pouvait maintenant marcher et
venir prendre l'air sur le pont) fut très-tenté

d'envoyer parmi eux une volée de balles et
de mousquets ; mais Arthur et Laforêt le con-
jurèrent de ne point répandre de sang, si
cela était possible.

Après quelques jours de fatigues et d'in-
quiétudes continuelles, un vent favorable
poussa le vaisseau au port de la Rochelle,
et quelques heures après leur arrivée, ils
eurent la satisfaction de voir le vaisseau corsaire qui les avait capturés, remorqué par
une frégate française. Il avait été pris en
croisant dans la Manche, et ainsi le reste
de l'équipage de l'*Aurore* fut délivré des
souffrances qui l'attendaient dans une prison
d'Angleterre.

X

Le capitaine Daucourt ne tarda pas à vendre avantageusement sa cargaison. Il résolut de ne plus aller en mer, et de vivre paisiblement dans la chaumière qu'il s'estimait heureux de posséder. Il donna à Laforêt la moitié du profit qu'il avait retiré de sa cargaison, récompensa les deux hommes qui l'avaient aidé à diriger son vaisseau à la Rochelle, et fit des présents aux matelots qui avaient été repris par l'armateur français.

Pendant leur séjour à la Rochelle, leur

histoire devint la nouvelle du jour. On admira beaucoup la conduite d'Arthur et de Laforêt, et l'on donna à entendre de haute-main au capitaine Daucourt, que si son fils voulait entrer dans la marine royale, il ne tarderait pas à monter en grade.

Guillaume Daucourt ne voulut plus exercer sur Arthur son autorité de père. Il respectait son courage et ses principes, et laissa à son choix de retourner à la ferme de son aïeul ou d'accepter les offres qu'on lui avait faites.

« Mon père, dit Arthur, vous me permettrez de ne plus courir cette mer qui a causé déjà un bien grand malheur à notre famille et qui a failli nous être funeste à nous-mêmes. Je vous suivrai à Beauvoir, j'irai revoir notre ferme, où j'ai vécu si longtemps heureux, et nous cultiverons en paix l'héritage des Daucourt. »

Guillaume fut ravi d'une résolution qui était la sienne, et il vit avec joie qu'il conserverait avec lui ce fils qui lui était si cher.

Ils ne tardèrent pas à quitter la Rochelle ; ils arrivèrent à Beauvoir, que la nuit était déjà avancée ; tout dormait dans la paisible demeure. A l'approche des voyageurs, les chiens firent entendre leurs cris ordinaires, et Guillaume laissa tomber le heurtoir à plusieurs reprises. La tante s'éveilla et vint entr'ouvrir la porte de la chaumière : « C'est Arthur ! c'est vous, c'est vous, mon frère !... » Et Rachel se prit à pleurer.

Cependant on fit du feu, et l'on prépara à souper pour les nouveaux hôtes. Juliette, qui avait reconnu la voix de son cousin et de son oncle, descendit en hâte, et vint partager la joie générale. Guillaume regardait, avec une bonté qu'il n'avait jamais montrée, sa belle-sœur et sa nièce ; Rachel aussi ne pouvait détacher ses yeux de son frère. Les traits du capitaine altérés par la maladie, les traces qui restaient sur sa figure des passions violentes et des fortes émotions qui l'avaient agité pendant son voyage, causaient de douloureuses sensations au cœur de sa bonne et sensible sœur.

Pour Arthur, en regardant sa tante, il ne pouvait cacher une expression de tristesse causée par le souvenir de son oncle Thomas. Il se

passait dans son âme un choc confus de pensées et de sentiments que l'on éprouve souvent
dans le moment même où l'on paraît d'un aspect froid ou d'une immobilité stupide. Rachel, toujours bonne et indulgente, attribuait
cette espèce de froideur à la fatigue du voyage
et aux habitudes plus rudes du marin.

Pendant le souper, qui fut bientôt prêt,
grâce aux soins de Juliette, Rachel raconta
combien Dieu avait béni la ferme : les petits
agneaux avaient réussi ; les récoltes avaient
été abondantes ; le verger couvert de fruits.
Elle raconta alors les changements survenus
dans le village : un vieil ami du père de Guillaume était mort dans l'année ; un nouvel
habitant s'était établi ; de nouvelles maisons
élevées... « Et vous, mon frère, ne dites-vous
rien de votre voyage en Norwége ?

— Sœur, dit le capitaine, c'est à Arthur à
faire le récit de ses propres exploits : c'est le
héros du voyage. » Et il lui apprit comment,
après avoir heureusement abordé en Norwége
et échangé avec profit sa cargaison, il avait
été pris, au retour, par un corsaire anglais ;

comment, par le courage et l'adresse de son fils, il avait échappé aux souffrances d'abord, puis à la prison qui l'attendait à Londres ; comment, par surcroît de bonheur, il avait retrouvé à la Rochelle le reste de son équipage.

Le lendemain les malles des voyageurs arrivèrent, et Arthur s'empressa d'en tirer les présents destinés à sa tante et à sa cousine. Juliette ne cessait de regarder les jolis paniers d'écorce, et la bonne Rachel avait aussi bien admiré son manteau.

Le capitaine fit connaître aux habitants de la ferme l'intention où il était de demeurer à Beauvoir. « Tu tiendras le ménage, dit-il à sa sœur ; Arthur et moi nous nous occuperons des plus rudes travaux. Nous pourrons acheter quelques vaches, augmenter nos terres ; j'ai là dans ce coffre de quoi nous monter. »

Arthur n'oublia pas d'aller remercier le pasteur du village des avis qui lui avaient été si utiles à bord du vaisseau. Le bon prêtre revit avec attendrissement un de ses enfants qu'il avait élevé dans la foi et qu'il avait disposé à recevoir le sacrement dont la réception a tant d'influence sur le reste de la vie. Arthur avait toujours trouvé en lui un ami et un père, il lui avait aussi accordé toute la confiance d'un fils. En revenant à la ferme, il passa par le cimetière, et sur la tombe de son aïeul la croix de bois était déjà bien humide et toute mousseuse ; « Mon père, dit le pieux jeune homme, que votre âme repose en paix !... » Après avoir fait sa prière, il s'éloigna lentement de ce lieu qui lui rappelait tant de souvenirs.

Cependant Rachel avait un vif désir de parler en particulier à son neveu. Elle avait remarqué sur la table, dans sa chambre, la bague que lui avait remise le vieillard de la forêt de Norwége ; elle avait cru la reconnaître pour celle que portait aux jours de son bonheur son malheureux époux. Arthur, de son côté, cherchait aussi à parler à sa tante : il voulait lui faire part de ce qu'il avait appris du compagnon de Thomas Daucourt. Elle était seule lorsqu'il entra. « Ma tante, lui dit-il en soupirant, j'ai passé par le cimetière, et la tombe de notre père m'a rappelé les malheurs de notre famille. Mais nous n'ignorons pas comment est mort mon respectable aïeul; pour mon oncle savez-vous de quelle manière il a péri?

— Non, cher Arthur; Dieu, qui m'a enlevé votre oncle, n'a pas permis que je connusse aucune circonstance de sa mort; seulement je sais qu'il a péri dans la mer Baltique.

— Dans la Baltique, reprit Arthur... oui...

— Mais, ajouta mystérieusement la tante, est-ce ici que vous avez trouvé l'anneau que vous avez laissé sur la table? »

Arthur changea de couleur.

« Depuis quand le possédez-vous?...

— Bonne tante.... » et il se jeta dans ses bras avec effusion. Presque aussi émue que lui, Rachel parvint avec peine à calmer son émotion et à en connaître la cause. Au récit d'Arthur, la pauvre épouse pleura beaucoup : « Dieu me l'avait donné, s'écria-t-elle quand son neveu eut fini de parler, Dieu me l'a ôté, que son nom soit béni! Mon cher Daucourt est mort en bon chrétien; mon Dieu, soyez mille fois béni! »

Arthur alla chercher l'anneau précieux et le remit à sa tante.

« Il vous appartient ; c'est un gage et un souvenir qu'on aime de posséder....

— Il me rappellera la sensibilité et la délicatesse d'Arthur..., » ajouta la tante.

Le fils du fermier Daucourt alla revoir les compagnons de son enfance. Chaque fois qu'il revenait à Beauvoir après un voyage, son mépris pour la profession de laboureur, et l'honneur qu'il attachait à celle d'homme de mer, lui avait fait traiter avec une espèce de hauteur et d'éloignement les jeunes gens de son âge. Ces derniers, plus affligés encore qu'humiliés des procédés de Guillaume, osaient à peine le saluer, bien loin d'avoir avec lui ces rapports de familiarité aimable que conservent toujours ceux qui ont passé leur jeunesse dans les mêmes occupations et les mêmes amusements. Mais, dès que le capitaine eut déposé ses manières rudes et dédaigneuses, tous les cœurs revinrent à lui, et chacun s'empressa de l'inviter à venir dans sa maison. Guillaume s'y rendait d'autant plus volontiers

que bien souvent les bons paysans le ques-
tionnaient beaucoup et lui faisaient raconter
toutes les aventures qui lui étaient arrivées
dans ses voyages.

Parmi les habitants de Beauvoir qui firent
le plus d'accueil au nouvel arrivé, se trouva
le fils d'un ami du père de Guillaume. Ce fermier avait été uni dès le plus jeune âge avec
le vieux Daucourt. Durant leur longue vie,
son amitié n'avait fait qu'accroître, et Arthur,
si aimé de son aïeul, était aussi devenu l'objet de son affection. Guillaume prit avec lui
Arthur dans la visite qu'il rendit à ce brave
homme, sur l'observation de sa sœur Rachel.

Le bon vieillard embrassa avec une amitié
cordiale le petit-fils de son ami, et reçut avec
bonté le capitaine. Il parla beaucoup de la
famille Daucourt, dont il déroula toute la gé-
néalogie, et il s'étendit longuement sur les
travaux, les qualités, les vertus du père de
Guillaume. Ce dernier écoutait avec intérêt le
récit du fermier, et quoiqu'il parlât lentement,
qu'il fût forcé de s'arrêter souvent à cause de
son grand âge, le marin, oubliant la mer et

les tempêtes, trouvait un charme inconnu aux paroles du respectable ami du vieux Daucourt. En causant ainsi avec effusion, on tomba sur la mort de Daucourt et le départ d'Arthur pour la Norvége. Ici la maîtresse du logis prit la parole : « Savez-vous, Guillaume, dit-elle, que la sagesse paraît-être le partage de toute votre famille ? Nous aimions ce brave Arthur lorsqu'il était à Beauvoir ; c'était bien le plus sage garçon, le plus honnête berger de tout le village ; nous l'avons vu partir avec beaucoup de regrets et de chagrin. A son tour, Juliette s'est fait aimer pour son bon cœur et sa vertu. Elle pourrait être donnée pour modèle à toutes nos jeunes filles, et je serais bien étonnée si elle n'était point l'héroïne de la fête que l'on célèbre demain dans le village.

— Quelle fête ? demandèrent Guillaume et Arthur.

— De la Rosière, dit la fermière, vous verrez. Je vous engage à passer une partie de ce jour au milieu de nous, et à venir nous témoigner si vous êtes contents des changements faits dans Beauvoir pendant votre absence. »

La conversation avait duré deux heures,
avant que l'on eût songé à se séparer. Guillaume se hâta de partir ; mais, touché de la
franchise et des vertus de cette famille, il ne
prit congé d'elle qu'avec la résolution d'avoir
le père et le fils pour amis, pour conseillers et
pour guides.

XI

Depuis longtemps le curé de Beauvoir travaillait avec bonheur au bien de tous les habitants de sa paroisse. Sa charité pour les pauvres, son ardeur pour le maintien des mœurs et de la religion étaient sans bornes, et les années n'avaient ralenti en rien le zèle de son cœur pour les intérêts et la gloire du bon Dieu. Sa longue expérience, au contraire, lui avait donné avec une grande connaissance des hommes, les moyens de faire servir au bien les goûts naturels qu'on ne tourne que trop souvent vers le mal.

Le vénérable pasteur crut donc avoir trouvé le remède aux divertissements dangereux, non en proscrivant toute espèce de fêtes, mais en établissant de pieuses solennités, tantôt pour les jeunes garçons, tantôt pour les jeunes filles. A l'imitation de plusieurs communes de France, il avait établi pour ces dernières dans le village et ses alentours la touchante fête de la Rosière.

La Rosière de Beauvoir était élue par les suffrages réunis du maire, du curé et de dix femmes choisies par la commune dans les familles des quatre villages admis au concours. Le lendemain de son élection, on allait la chercher au milieu du plus pompeux cortége ; on la conduisait à l'église, où elle recevait le prix de la vertu, et de là retournait chez elle, au milieu des félicitations de ses compagnes. Comme nous venons de le dire, la fête de la Rosière allait se célébrer avec la magnificence ordinaire. Oh ! que de jeunes cœurs étaient émus la veille du jour décisif ! que de mères attendaient avec impa-

tience le moment où elles devaient voir cou-
ronner l'objet de leur tendresse et de leurs
soins! L'orgueil maternel est bien permis....
Peut-être la pensée d'être Rosière vint aussi
à plus d'une jeune fille.... Mais l'humble vertu
digne de la rose ne se connaissait pas, elle-
même ; elle préparait sans inquiétude sa robe
blanche et sa ceinture bleue pour accompagner
la compagne qui aurait remporté le prix.

Le soir était venu, et l'assemblée pour élire
la Rosière avait été bien secrète. Cependant,
comme il arrive toujours, chacun faisait des
conjectures. Toutes les familles se communi-
quaient leurs prévisions, en ayant soin de
s'oublier toujours soi-même et de repousser
avec politesse la rose dont on voulait les gra-
tifier. Hélas! plus d'une jeune fille qui n'en
était pas digne, s'apprêtait des chagrins et
des pleurs en refusant en apparence la belle
couronne, tandis qu'elle souriait de plaisir et
laissait tomber dans son cœur une trompeuse
espérance.

Le jour blanchissait déjà le clocher de l'é-
glise où flottait l'étendard de la paroisse. Tous

les jeunes gens de Beauvoir étaient rassemblés sur la place avec des banderolles et de la musique. Le plus ancien et le plus respectable fermier du village arriva à son tour, suivi de sa famille, pour présider le cortége.

Dans l'avenue qui conduisait à l'église, et sur tous les chemins, on avait jeté des fleurs et des plantes odoriférantes. Un grand nombre de chariots pavoisés bordaient l'enceinte. Ils avaient amené à Beauvoir les curieux des villages voisins.

Les spectateurs regardaient cet appareil avec des yeux tout émerveillés, lorsque tout à coup la musique commence un de ces anciens airs poitevins, si chéris des bons paysans; à ce signal tout le cortège s'ébranle et s'avance lentement vers l'église. Là, dans la chapelle de la Vierge Marie, la troupe des jeunes filles était réunie, sous la garde des dix mères de famille qui concouraient à l'élection de la Rosière. Touchantes images d'innocence et de vertu ; belles dans leur simple parure, elles semblaient des anges aux pieds de leur Reine. Leurs mères n'étaient pas loin ;

toutes avaient l'œil fixé sur leurs enfants chéries, toutes priaient avec une ferveur inquiète la Vierge des vierges.

Le vénérable curé célébra la sainte messe avec une solennité extraordinaire. L'autel était richement paré ; les ornements de soie, les parfums s'élevant de l'encensoir, les chants augustes et religieux, donnaient à la maison du Seigneur un éclat ravissant, et en faisaient pour l'âme pieuse et simple des habitants de Beauvoir une autre Jérusalem céleste.

Au moment où l'Agneau divin descend à la voix du prêtre, tous les fronts s'inclinèrent, et un recueillement profond régnait dans le lieu saint ; sur l'autel, un rayon brillant, illuminant le tabernacle, semblait y annoncer la présence invisible du Soleil de Justice. Bientôt tous les assistants se relevèrent, la voûte retentit encore des hymnes pieuses, tandis que les fidèles, les mains dévotieusement jointes, s'asseyaient au saint banquet.

La messe finie, le prêtre entonna les litanies de la sainte Vierge. Les jeunes filles répondaient :

Sainte Marie, priez pour nous....

Miroir de justice, priez pour nous....

Trône de sagesse, priez pour nous....

L'émotion était partagée par tous les assistants : ce culte d'innocence et d'amour, cette Vierge invoquée par ces jeunes filles, invoquée par ces bonnes mères, l'appareil du temple, le prêtre vénérable entouré d'enfants et suppliant le Ciel de bénir ses ouailles, tout allait au cœur, tout faisait éprouver les plus vives sensations. Après ces paroles :

Rose mystique, priez pour nous....

les chants cessent, un silence profond se répand dans l'église, la couronne de roses est bénite ; alors le curé monte sur une estrade et prononce ces mots d'une voix imposante :

La Rose a été obtenue par Juliette Daucourt ! ! !

A l'instant deux jeunes filles s'avancent avec la couronne et la placent sur la tête de Juliette.

La cousine d'Arthur, interdite, rougissait de pudeur, tournant ses yeux humides vers sa mère. Heureuse Rachel! que de mères enviaient ton sort! Pauvre Arthur! que de larmes il répandait!

Guillaume n'avait pu lui-même rester insensible à cette touchante cérémonie; il sentit son cœur ému, au milieu de cette pompe de la religion où se trouvait tout ce que l'homme a de plus délicieux sentiments; mais son émotion redoubla lorsque, après la proclamation du pasteur, il vit la modeste Juliette couronnée de roses, au milieu du temple rustique et du concours de ce peuple simple et religieux. « Thomas, si tu avais été ici, » murmura Guillaume en lui-même. Puis, il se rappela la paix et le bonheur qui avaient marqué les jours de sa pieuse enfance; il se souvint qu'il était venu bien des fois, conduit par son père, dans le lieu saint; c'était là que, des mains du ministre de Jésus-Christ, il avait vu avec de si pieux transports venir à lui le Dieu qui aime les enfants; c'était là que l'Esprit-Saint était descendu dans son cœur tandis que le pontife faisait couler sur son front l'huile sainte. Ces souvenirs de piété et de bonheur, auxquels se joignait la pensée du vieux Daucourt, changèrent peu à peu l'âme du capitaine, et la grâce rouvrait un cœur que la fougue de la jeunesse avait égaré, sans pouvoir y effacer entièrement les traces précieuses d'une bonne éducation.

On termina la cérémonie en achevant de chanter en chœur les prières à la Patronne des vierges. Alors s'acheva le beau triomphe de la vertu et la gloire de la Rosière.

Le cortége arriva sur la place, et de là parcourut toutes les rues de Beauvoir. Après le vénérable président de la fête et sa suite, venait la troupe de jeunes filles, vêtues, comme nous l'avons vu, de robes blanches, et la tête couverte d'un voile : au milieu d'elles paraissait Juliette, ornée de l'innocente récompense de la vertu. Au bruit de la musique, au chant des cantiques se mêlèrent les joyeuses clameurs des petits paysans qui précédaient la marche, jetant des fleurs en criant : Vive la Rosière ! ! !

Si, à pareille fête, eût assisté quelqu'une des âmes inquiètes et ardentes qui cherchent,

dans le tourbillon des plaisirs et le mouvement continuel du monde, à contenter les
inépuisables désirs qu'elles sentent au fond
de leur cœur, oh! qu'elle eût peu compris
cette joie, ces transports, à propos d'une si
simple cérémonie! qu'elle eût regardé peut-
être avec-dédain ces pauvres gens que si peu
de choses remplit de sensations délicieuses!
Mais ceux qui n'ont point encore émoussé
tous leurs sentiments, qui n'ont point usé
leurs facultés à la poursuite des plaisirs in-
sensés et dans des émotions dangereuses;
ceux-là savent qu'il faut bien peu à l'homme
pour se délasser de ses fatigues et l'arracher
à l'ennui; ils savent que la bonté de la Providence a placé près de nous ce que souvent
l'on va chercher bien loin. Le travail, la
vertu, parés d'innocentes jouissances, c'est-
à-dire le bonheur tel qu'il peut exister ici-
bas.

Cependant, sur la dernière avenue par laquelle, après bien des circuits, la pompe
entière retournait vers le lieu du départ pour
se disperser ensuite, on avait construit un

reposoir avec des branchages , des tentures blanches et des guirlandes. Les dix mères de familles , Rachel , le capitaine , Arthur, tous les parents de la Rosière avaient pris place sur les côtés. Au milieu des ornements de toute espèce , sur une table couverte d'un tapis , brillait une médaille d'argent. Le vieux fermier s'avança sous le berceau , prit la médaille et la remit aux mains de Rachel , lorsque les compagnes de Juliette parurent et fermèrent en cercle l'entrée du reposoir , au milieu duquel se trouva la Rosière ; la bonne mère , embrassant Juliette avec effusion , lui passa le ruban rose de la médaille d'argent qui portait gravée une couronne avec ces mots : *sagesse et vertu* , et sur le revers ; *à la plus digne.*

Ainsi se termina cette fête si désirée. Elle fit une profonde impression sur Guillaume et Arthur. Nous avons vu quelles réflexions le premier avait faites au milieu de la cérémonie : elles ne furent point stériles ; car Juliette n'était point encore arrivée à la ferme, que son oncle avait pris le généreux dessein

de vivre en bon chrétien et de devenir un
digne habitant de Beauvoir. Arthur avait aussi
été vivement touché; et la vertu de Juliette,
si hautement reconnue, l'engagea à une dé-
marche à laquelle il pensait depuis quelque
temps. Juliette était sans fortune, il est vrai ;
mais ce léger désavantage, si c'en est un,
n'était rien aux yeux de son cousin ; sa cons-
tante soumission et sa tendresse pour sa mère,
ses prévenances et son amabilité envers son
oncle, la douceur et l'égalité de son caractère,
firent résoudre Arthur à en faire la demande
à Guillaume et à Rachel. Il alla cependant
trouver auparavant le curé de Beauvoir, et
lui déclarer avec sa confiance ordinaire la
grande action de laquelle dépend le bonheur
de l'homme en ce monde et souvent son salut
éternel. Le bon prêtre, connaissant les intentions pures de son cher Arthur, lui donna
des conseils pour son nouvel état et le bénit en
le renvoyant. Guillaume et Rachel s'empres-
sèrent aussi de donner leur consentement, et
bientôt Beauvoir vit avec joie l'alliance de nos
deux vertueux jeunes gens.

Après ces heureux jours , tous reprirent les travaux de la ferme : Rachel, Arthur et Juliette avec l'aisance de l'habitude , le capitaine avec le plaisir de la nouveauté. Désormais il s'occupa à remplir les devoirs d'une profession qu'il avait jusque-là regardée comme indigne de lui et le partage d'hommes peu capables. Il ne fut pas longtemps sans ressentir quelle joie douce et pure répand dans l'âme la vie simple et religieuse de l'habitant des campagnes. Un air sain , un travail réglé, le charme attaché aux occupations rustiques , tout lui procurait des jouissances rendues plus innocentes et par conséquent plus délicieuses encore par l'accomplissement de devoirs qu'il avait jadis trop négligés. L'ascendant qu'avait pris sur lui sa bonne sœur, l'exemple d'Arthur et de Juliette, la connaissance et bientôt les fréquents entretiens du digne curé de Beauvoir firent de Guillaume Daucourt un homme tout nouveau qui retraçait en lui les vertus de son vénérable père.

Pour Arthur, il avait été bon fils, il fut bon époux et bon père ; il ne quitta plus

Beauvoir, et dans le modeste héritage des Daucourt, il ferma les yeux de son père chéri qui le combla de bénédictions. Il coule maintenant une vieillesse heureuse au sein d'une nombreuse famille.

TABLE DES MATIÈRES

FIN DE LA TABLE.

— Lille. Typ. L. Lefort. 1859. —

www.ingramcontent.com/pod-product-compliance
Ingram Content Group UK Ltd.
Pitfield, Milton Keynes, MK11 3LW, UK
UKHW020912120726
13693UKWH00003B/1000